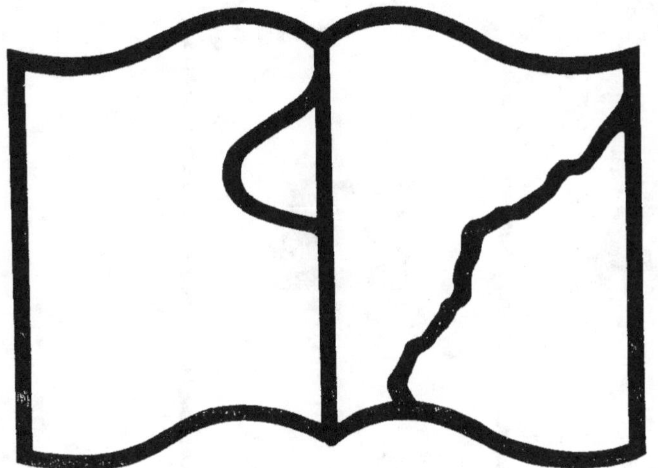

Texte détérioré — reliure défectueuse

NF Z 43-120-11

Contraste insuffisant

NF Z 43-120-14

Les Premières Lectures

de

l'Enfance

J. HETZEL, Éditeur, 18, rue Jacob, PARIS (VIe)

C. LEMONNIER

BÉBÉS

ET

JOUJOUX

LA BATAILLE DES SOLDATS DE PLOMB

ET DES SOLDATS DE BOIS

LA NUIT DE NOËL — LA SAINT-NICOLAS

NOËL AU VILLAGE

AVENTURES D'UN PETIT COMMISSIONNAIRE

Dessins de

J. GEOFFROY ET L. BECKER

BÉBÉS ET JOUJOUX

Les
Premières
Lectures
de

l'Enfance

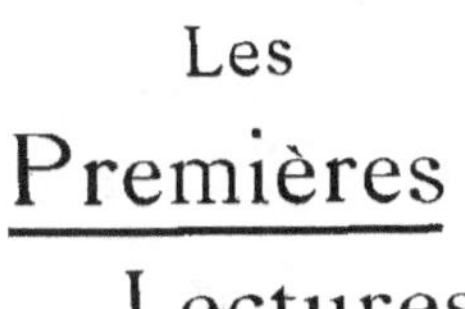

C. LEMONNIER

Bébés
et
Joujoux

LA BATAILLE DES SOLDATS DE PLOMB
ET DES SOLDATS DE BOIS
LA NUIT DE NOËL — LA SAINT-NICOLAS
NOËL AU VILLAGE
AVENTURES D'UN PETIT COMMISSIONNAIRE

Dessins de

J. GEOFFROY ET **L. BECKER**

J. HETZEL, Éditeur, 18, rue Jacob, PARIS (VIᵉ)

BÉBÉS ET JOUJOUX

I

De tout temps une animosité a régné entre les petits soldats de bois et les petits soldats de plomb.

Ceux-ci prétendent que les soldats de bois ne sont pas des soldats, et les soldats de bois disent la même chose des soldats de plomb.

Moi, j'avais bien là-dessus mon idée, mais je n'osais pas la dire ; les soldats de bois, mes camarades, m'auraient fait un mauvais parti.

Il arriva que la guerre fut déclarée.

On trouve toujours plus de prétextes pour se battre que pour faire la paix. Les soldats de plomb prétendirent que nous les avions insultés en leur tournant le dos, simplement parce que le marchand n'avait pas voulu que nous leur montrions notre figure.

Enfin, c'était un motif comme un autre et, comme nous ne demandions pas mieux que d'en venir aux mains, nous répondîmes aux soldats de plomb en nous rangeant en bataille.

Nous étions un joli petit régiment. Nous avions des pantalons blancs et des tuniques rouges. Nos grands colbacks noirs nous descendaient presque sur les yeux ; nous étions armés de bons fusils de bois, et rien n'était joli comme de nous voir manœuvrer au soleil.

Il n'était personne de [nous qui ne se sentît joyeux de marcher au combat. Nous détestions si cordialement les petits soldats de plomb ! Et ils s'étaient permis si souvent de méchantes plaisanteries sur nos fusils ! Une ardeur guerrière nous animait depuis le premier jusqu'au dernier, et, comme les autres, je ne rêvais que de montrer ma valeur à nos ennemis.

Les petits soldats de plomb étaient plus nombreux que nous. Ils avaient avec eux de la cavalerie et de l'artillerie, mais nous les dépassions de cinq à six têtes, car ils avaient l'air de nains à côté de nous.

Le jour de la bataille arriva enfin. Les lapins battirent la charge sur leurs tambourins, et aussitôt nous nous mîmes en mouvement. Ce fut un joli spectacle.

Nous nous déployâmes d'abord sur deux rangs ; puis notre gauche et notre droite marchèrent, de manière à laisser un creux au centre, et, ce n'est pas trop

dire, nous marchions comme un seul homme. Je vous prie de croire qu'en ce moment pas un de nous ne trébucha. Nous étions aussi solidement fixés sur nos tringles que si nous avions été de fer, et la boutique nous semblait trop petite pour contenir le théâtre de nos exploits. Les poupées nous regardaient avec admiration.

En levant un peu les yeux, nous étions sûrs de rencontrer leurs jolis minois roses, et cela nous donnait une grande bravoure.

Quelques-unes, plus sensibles, se cachaient la tête dans leur mouchoir, et un gros bébé, qui avait de la tendresse pour l'un de nous, fut même si troublé à la pensée de le voir blessé ou mort, qu'il leva ingénument sa petite jupe et se mit à pleurer dedans, sans se soucier de ce qu'on en pourrait dire.

Quant aux autres jouets, ils se tenaient immobiles, redoutant les effets de la guerre.

Polichinelle n'a jamais été brave, il s'était caché à l'ombre de sa bosse ; Arlequin avait avalé la moitié de sa batte pour éviter de médire de son prochain, et Pierrot s'était enfermé dans un sac de farine au fond du moulin.

« Sabre de bois ! de la tenue ! » nous disait notre commandant.

Et le général des soldats de plomb criait de son côté: « Sabre de plomb ! du courage ! »

Les commandements se croisaient dans l'air.

« Pas accéléré, en avant, arche ! Par file à gauche, arche! Portez armes ! »

« Plan ! plan ! zing ! zing ! » faisaient les lapins en frappant à tour de bras leurs tambourins, et tout à coup on entendit le commandement :

« Chargez ! »

La cavalerie des petits soldats de plomb partit comme un trait; mais, comme les chevaux manquaient un peu d'équilibre, il en tomba bien la moitié, qui resta sur le chemin.

Les autres arrivaient droit sur nous, le sabre au clair.

Le choc fut terrible. Deux de nos soldats tombèrent. Heureusement pour nous, les petits cavaliers de plomb ne purent s'arrêter à temps; entraînés par leur pesanteur, ils franchirent nos lignes et vinrent culbuter au milieu de notre carré. Je voudrais dire que

nous les égorgeâmes, mais nous n'eûmes pas cette magnanimité, et ils furent hachés comme chair à saucisse. C'étaient, après tout, de braves petits cavaliers. Il y eut un peu de panique dans le camp des soldats de plomb, à la vue de ce grand carnage. Des rangs se bousculèrent; nous crûmes un instant à une débandade !

« Pfitt! pfitt! » faisaient les pois au-dessus de nos têtes, et, comme j'avais commis la sottise de sortir un peu des rangs, le dernier pois m'atteignit et m'emporta net la jambe. Je n'étais plus qu'une moitié de soldat.

Mais les lignes ne tardèrent pas à se reformer, et bientôt les pois secs de leur artillerie commencèrent à pleuvoir sur nous, dru comme grêle. Je vis tomber trois hommes autour de moi, et un quatrième perdit son colback.

« Serrez les rangs! » cria le commandant.

C'était un homme qui n'avait peur de rien; il était fait du même bois que nous, mais le sentiment de son autorité lui donnait une énergie que nous n'avions pas, nous autres soldats.

Il y avait à quelque distance de nous un moulin, un joli moulin avec ses ailes roses et bleues. Le commandant nous ordonna de nous diriger sur cette position et de l'occuper. Une fois là, nous serions à l'abri de la canonnade. Nous ne nous le fîmes pas répéter, comme vous pensez bien.

Nous n'avions pas d'artillerie, et franchement les diables de pois à canon faisaient à nos oreilles une musique qui n'était pas tout à fait celle d'un harmonica.

« A nous le moulin ! »

Et, au pas de charge, nous nous précipitâmes droit devant nous, toujours comme un seul homme. Naturellement, l'ennemi se mit à tirer contre le moulin ; mais le moulin était solide, et les petits soldats de plomb virent bientôt la fin de leurs munitions.

« Ah ! pensai-je alors, tout cela ne serait pas arrivé sans cette maudite querelle des soldats de plomb et des soldats de bois. Comme si, après tout, un soldat de plomb n'est pas aussi bien un soldat qu'un soldat de bois. »

Je ressentais une si vive douleur à la place qu'avait occupée ma jambe, que je me mis à crier : « A l'aide ! au secours ! » Une fenêtre s'ouvrit mystérieusement dans le haut du moulin, et une petite voix, douce comme tout ce qu'il y a de plus doux, me dit :

« Zentil petit soldat, que fais-tu là, sous ce mur ? »

Je levai les yeux et vis une petite tête blonde qui me souriait en parlant.

« Belle dame, lui dis-je en appelant à moi ma galanterie de soldat français, un boulet de canon m'a emporté la jambe.

— Zentil petit soldat, me répondit-elle, je t'en donnerai une autre, en bel or tout neuf, si tu fais ce que je te commande. Pousse la porte et entre. »

Je me traînai tant bien que mal jusqu'à la porte, et j'entrai à cloche-pied dans le moulin.

Je vis venir alors à moi une délicieuse petite personne, fraîche comme une matinée de printemps, et elle me dit :

« J'aime les beaux petits soldats comme toi. As-tu du courage ?

— J'en ai toujours au service de la patrie et des dames, lui répondis-je.

— Très bien. En ce cas, prends ton sabre et délivre-moi de ce grand serpent qui me guette zour et nuit. »

En parlant ainsi, elle me montrait un long serpent vert replié sur lui- même, à demi caché dans une étable où il y avait deux grandes vaches d'un rouge acajou.

On est brave, et pourtant on ne peut s'empêcher d'un peu de frayeur à la vue d'un pareil monstre. Mais le désir d'être agréable à cette belle personne l'emporta sur la crainte.

Je tirai mon sabre et je tuai le serpent.

« Ce n'est pas tout, me dit alors en pleurant la petite inconnue ; si tu veux me plaire, il faut encore me débarrasser de ce gros lion qui me fait de si terribles yeux. »

Je tournai la tête et vis, en effet, au fond d'une crinière rouge, flamboyer les prunelles féroces d'un lion.

J'allai droit à la bête, toujours en sautant sur un pied, et lui passai mon sabre dans la gorge.

« Zentil petit soldat, me dit alors la belle, monte en haut du moulin ; c'est là que se trouve la jambe en or dont je t'ai parlé. »

Je montai en sautillant sur la seule jambe qui me restait, et, quand je fus arrivé à la fenêtre où j'avais vu apparaître la petite tête rose, elle me dit :

« J'ai une dernière prière à t'adresser. Penche-toi à cette fenêtre et regarde si tu ne vois plus aucune bête autour du moulin. »

Je fis ce qu'elle me demandait, et, comme j'allais me retourner pour lui dire que je n'en voyais pas, la perfide me prit par la jambe qui

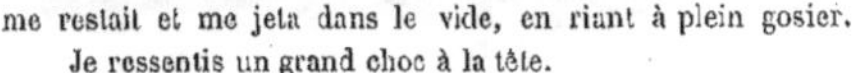

me restait et me jeta dans le vide, en riant à plein gosier.

Je ressentis un grand choc à la tête.

« Sabre de bois ! » m'écriai-je.

C'est alors seulement que je m'aperçus, à ma très grande satisfaction, que ce que j'avais pris pour une réalité n'était qu'un songe. J'étais paisiblement endormi au fond de ma boîte, avec mes camarades rangés à mes côtés, et le petit jour, qui filtrait à travers les volets de la boutique, éclairait une boîte de soldats de plomb, aussi paisiblement endormis que moi-même.

Ce n'était donc pas vrai ! Les petits soldats de plomb n'étaient pas en guerre avec les petits soldats de bois ! Je n'avais pas perdu ma jambe à la bataille !

La guerre et le reste n'étaient que le rêve d'un fantassin de bois mal endormi.

II

Et le petit soldat de bois, déjà très vieux à l'époque où il contait cette histoire, ajouta :

« Il y avait, en ce temps-là, une guerre entre des gens qu'on appelait des Turcs, je ne sais pourquoi, et d'autres gens qu'on appelait des Russes, je ne sais pourquoi non plus. Or le marchand avait justement, la veille au soir, lu le journal à sa femme, et cela m'avait absolument troublé le cerveau. J'étais fou de croire, même en rêve, que les petits soldats fussent faits pour autre chose que pour amuser les petits enfants. »

LA NUIT DE NOËL

Il y avait deux jours que le marchand avait déballé ses caisses. Chaque pas que faisait l'aiguille sur le cadran émaillé de l'horloge, près du plafond de la boutique, rapprochait les jouets de la grande nuit de Noël, qui est la nuit des jouets et des petits enfants. L'astronome à la barbe de filasse, qui porte sur la tête un chapeau en forme d'éteignoir et dont la robe est constellée de demi-lunes d'argent, avait déjà supputé le nombre de fois que le coucou sortirait encore de sa niche : alors sonna l'heure.

C'est que tout le joli monde de petits soldats, d'arlequins, de polichinelles et de poupées belles comme des fées, n'est pas fait pour languir dans les rayons des boutiques. Le diable le plus rébarbatif rêve du fond de sa boîte couleur de suie aux petites mains roses qui presseront son ressort ; pantins et poupées sont également anxieux de voir sur des bouches de dix ans le gai sourire avec lequel ils vont être accueillis.

Aussi la sombre boutique du marchand Cabarus était-elle remplie d'une émotion indescriptible : le bois des jouets, en apparence insensible, craquait d'impatience ; les yeux bleu d'azur des poupées tournaient sous l'ombre des paupières ; le fil qui faisait danser Polichinelle se tortillait entre ses articulations ; les chevaux agitaient leurs crinières comme s'ils allaient partir, et des trains de voyageurs, remorqués par des machines capables de faire trois fois le tour d'une chambre, faisaient pfou ! pfou ! en attendant le moment de se mettre en route.

Chaque fois qu'un petit enfant mettait à la vitrine sa tête blonde, c'étaient une oscillation, un trépignement, un mouvement général de tous les bras, de tous les nez, de toutes les épaules ; l'Arlequin faisait sous son masque des grimaces tellement comiques que les petits chiens de carton se mettaient à rire au lieu d'aboyer ; les poupées, les petites et les grandes, celles qui n'ont que du linon et celles qui ont de la dentelle, faisaient la révérence ; les soldats présentaient les armes, et les canons qu'on bourre de pois secs manquaient de partir tout seuls.

C'est qu'un sourire d'enfant est vraiment le soleil des jouets et que le paradis s'ouvre pour eux quand des mains potelées, toutes moites de la chaleur des manchons, se ferment pour les emporter.

On aurait tort de croire que les jouets sont de simples morceaux, de bois ou de carton ; ces morceaux, si habilement juxtaposés et de couleurs brillantes, ont aussi leur vie, et ce n'est pas impunément que l'ouvrier leur a donné des formes qui rappellent la créature humaine.

Il en est des jouets comme des hommes : les uns sont bons, les autres méchants ; vous vous en seriez bien aperçus en cette heure dans la boutique de Cabarus.

Les beaux militaires en pantalon garance prenaient volontiers des poses de matador ; la main sur la garde de leur sabre, ils regardaient dans le blanc des yeux les jeux de condition inférieure qui les entouraient, le regard assuré, l'air plein de mépris ; ils ne pouvaient souffrir d'être mêlés à ces porteurs d'eau, à ces ramoneurs, à ces postillons, race besogneuse dont les vêtements sombres disaient la mesquine existence. Ceux-ci étaient pour la plupart des jouets à bon marché, faits des restes de bois qui avaient servi aux jouets coûteux. Il n'était pas rare de leur voir sortir de la nuque, du genou, ou de toute autre partie du corps, de grosses têtes de clous, et la colle avait fait à leurs jointures des dépôts pareils à ceux de la résine sur le tronc des arbres.

Naturellement ils n'étaient pas fiers ; et, comme de pauvres diables qui ont conscience de leur humble origine, ils osaient à peine lever les yeux sur les beaux et crânes soldats.

Leur rêve ne dépassait pas l'horizon du pauvre ; ils ne demandaient pas d'être promenés sur des divans de velours ; il leur suffisait que le premier petit enfant venu, les mains rouges et les cheveux au vent, les emportât dans sa demeure.

Il n'en était pas ainsi des jolis grooms en culottes de peau, qui portaient si vaniteusement une cocarde à leur chapeau et semblaient se mirer dans la peinture brillante de leurs bottes; ils étaient bien convaincus, ceux-là, qu'ils étaient au nombre des élus de la création, et ils supportaient audacieusement les regards des vaillants militaires.

N'en va-t-il pas ainsi du monde? Il suffit d'approcher les grands pour se croire grand soi-même; n'en serait-on que l'esclave le plus humble, on se juge supérieur au reste de la terre.

Les petits grooms n'avaient vraiment de respect que pour les messieurs et les dames qu'ils conduisaient se promener en voiture; encore portaient-ils la tête si haut sur leurs sièges qu'ils avaient l'air d'être les maîtres des personnes assises dans l'intérieur des voitures. Tenez pour certain que le moins qu'ils désirent est de figurer dans un riche salon tendu de velours, où de petits marquis de huit ans les casseront délicatement.

Chaque jouet garde aussi les défauts de ceux d'entre les hommes auxquels il ressemble; le gendarme roule des yeux farouches dans tous les coins de la boutique, comme s'il n'y avait sur la terre que des voleurs et des assassins; le petit pâtissier lèche du bout de sa langue la confiture qu'il vient d'enlever au gâteau qu'on a commandé à son patron; la laitière regarde du coin de l'œil si personne ne la voit tandis qu'elle mélange d'eau claire son lait; enfin le cuisinier, en tablier blanc devant ses fourneaux, a toujours l'air d'escamoter la muscade à son profit.

Tous ces gens-là sont pleins de ruse.

Un peu plus loin, Polichinelle rit de son rire qui n'en finit pas; depuis qu'il vit, — et il n'est pas bien certain pour lui qu'il n'existât pas avant le premier homme, — il se console des malheurs de la terre en étant heureux à sa manière. Sa bosse, merveilleux sac à malices, est comme un tampon qui le met à l'abri des chocs; il ressemble à un arbre dont les fleurs seraient des vices, et tous ses vices sont de ceux qui commencent par rendre heureux, d'un bonheur qui n'est jamais long, les sots et les méchants qui s'y abandonnent. Il est gourmand, sensuel, ami du pouvoir, ennemi des faibles : il est sceptique. La large balafrure qui lui crève la moitié de la figure, et sur les bords de laquelle voltige l'éternel susurrement de sa pratique, dit bien sa sérénité et son égoïsme.

A côté de lui, c'est le diable fait homme, l'esprit mi-parti nuit, mi-parti jour, Arlequin, le Figaro des Funambules. Le voyez-vous lorgner ici la jolie Colombine, épanouie dans sa jupe à losanges rouges et noirs? Elle entr'ouvre dans un sourire sa jolie bouche fraîche comme une framboise, et la clarté de ses dents blanches donne envie de chanter aux coqs à soufflet, qui prennent cette clarté pour le jour.

Colombine est certainement une fort gentille personne, et rien n'est charmant comme son petit œil de moineau, rond, et noir à travers les trous de son loup; pourtant les jolies poupées à la tête de biscuit ne sont pas de cet avis ; elles la trouvent commune et se gaussent de la voir en habit de carnaval. Pourquoi donc Colombine ne se met-elle pas en dentelles et en satin comme elles? Pourquoi pas à la mode du jour? Et, tout en disant ces choses, elles se regardent dans des glaces à cadres dorés, la tête inclinée sur le côté et les yeux à demi clos.

Ces mignonnes beautés ont un dédain suprême pour tout ce qui n'est pas paré comme elles; rien ne les fâche comme de s'entendre appeler poupées ; elles prétendent à la qualité de dames et de demoiselles, et se font nommer ainsi par leurs femmes de chambre, les autres petits minois qu'on voit sourire un peu plus loin, le bonnet au vent et les mains dans les poches.

Il n'est pas jusqu'à bébé, emmailloté dans de la dentelle, qui ne prétende être traité avec des égards particuliers ; sa chair rose luit comme une fleur sous les langes, et, si jeune, il dit déjà papa et maman avec un ton d'autorité qui réduit au silence le sot crin-crin des poupées qui n'ont qu'un soufflet dans la poitrine.

Cabarus a eu soin de mettre dans de la ouate ce coin somptueux de sa boutique ; il vient de ce côté comme une odeur de vanille, de benjoin et de musc ; les boîtes elles-mêmes ont un parfum.

Jugez si les œillades des militaires en bois s'adoucissent quand le petit vent produit par l'aile du moulin à farine leur apporte ces senteurs ; il est bien fâcheux que leur main soit rivée à leur sabre, car certainement ils la poseraient sur leur cœur, ou du bout des doigts ils enverraient à ces belles des belles d'effrontées salutations.

Elles sont délicates à vous donner le goût de les manger ; on dirait des confiseries fines, des fondants ou des pralines, tant leur teint a de fraîcheur ; les joues ont des luisants de cerise glacée, la fraise est moins pourprée que leur bouche ; elles sont comme une crème de petites femmes bonnes à manger à la cuiller. Des linges d'une trame idéale entourent comme une vapeur leurs membres potelés, dont la peau — une peau rose au grain presque naturel — cède sous le doigt ; à leurs pantalons s'attache une dentelle arachnéenne, et leurs bas sont retenus par des jarretières d'azur à fermoir en or.

De la soie, du velours, des robes et des chapeaux, elles en ont plein leurs garde-robes, car chacune d'elles a son trousseau, depuis la blanche parure de la mariée fleurie d'oranger jusqu'au costume de voyage, de salon et de théâtre. Elles ne sont occupées que de leurs toilettes, et des riens délicieux remplissent leurs frivoles cervelles. Ce n'est pas elles qui resteront à soigner leurs enfants au coin de leur feu; les bals, les soirées, les concerts font de leurs jours et de

leurs nuits comme une existence à grand orchestre d'où elles sortiront plus tard désenchantées. Alors elles se souviendront des caresses des enfants; mais rien n'empêchera que les belles et fortes nourrices en bonnets cauchois, qu'on voit non loin d'elles porter dans leurs bras de gros poupons fleuronnés de dentelles, n'aient reçu le premier baiser et le premier sourire de leurs nourrissons. En attendant que l'heure des regrets ait sonné, elles se parent comme des châsses et vont où la mode du jour les entraîne. Sans doute, la fleur de leur beauté restera aux buissons de la route, mais leurs prévisions ne vont pas si loin: le présent est tout pour ces évaporées.

Ainsi étaient les poupées de Cabarus. Elles passaient leur temps à se lorgner l'une l'autre; d'affreux petits sourires, aigus comme des dards de vipère, retroussaient le coin de leurs bouches, et chacune avait un mot à dire à sa voisine, bien que l'amitié la plus vive parût régner entre elles.

Elles médisaient tout haut des charrettes traînées par des chevaux et des ânes, des omnibus en fer-blanc et des voitures vulgaires qui ont des numéros sur leurs portières; il semblait vraiment que tout cela ne fût que de la saint-jean pour elles et elles guignaient les carrosses traînés par des chevaux fougueux, les coursiers montés par des amazones, les tilburys rapides et les fringants dog-carts, comme si leur vaniteuse importance n'aurait pu s'accommoder d'autre chose. Ces têtes à l'évent ne soupçonnaient même pas que les petits enfants des pauvres gens font leur joie des objets qu'elles dédaignent.

Ces astres de la mode d'un jour formaient entre elles un monde à part, l'objet des admirations de tout ce qui n'avait pas le sens commun dans la boutique. Quelques petites paysannes en jupon de tiretaine, bien plus vraiment

gentilles qu'elles, étaient assez peu raisonnables pour les contempler avec envie ; l'amiral anglais, monté sur un cheval
aussi rouge que son uniforme, ne pouvait détacher de leurs joues fraîche-
ment émaillées ses yeux ravis ; un petit Savoyard s'était laissé tomber
du haut d'un toit pour les voir de plus près.

Cabarus avait mis près d'elles un lion à la crinière formidable, frisé
comme un carlin ; sans doute voulait-il les défendre contre les jalousies.
Le lion ouvrait une gueule effrayante et faisait entendre un petit éternue-
ment chaque fois qu'on pressait du doigt son soufflet.

Mais Cabarus jugeait bien mal ses petits jouets à quinze sous ; aucun
d'eux n'aurait osé approcher les divinités blondes qui faisaient l'ornement de
la vitrine, et, avec ce bon cœur qui est le lot du pauvre monde, ramoneurs et
paysannes, porteurs d'eau et bergères célébraient ingénument leurs louanges.

Tout à coup, un coq chanta d'une voix claire — un joli coq en
pâte tendre, enrichi des plus fraîches couleurs et qui portait à la queue
une plume naturelle.

Presque aussitôt la petite porte en chêne qui se voyait au faîte de
l'horloge s'ouvrit, et le coucou apparut, saluant de six coups de gosier le
matin de Noël.

Cabarus ouvrit ses volets, et le monde commença à entrer.

Hélas ! les pauvres diables seuls ont l'habitude de se lever de si grand
matin, et, en effet, les nez rougis, les faces ridées, les mains verdelettes,
qui affluèrent en un instant chez Cabarus, ne donnaient pas très claire-
ment l'idée de ce qu'on appelle un haut rang social.

C'était la réflexion des orgueilleuses poupées, et elles faisaient mine de se détourner quand, par aventure, une pauvre
mère ou un vieux bonhomme râpé les contemplait ; mais les ramoneurs, les petits soldats en fer-blanc, les conducteurs

d'omnibus, les bergères, les paysannes ne le prenaient pas ainsi. Un vermillon plus vif montait à leurs joues, et ils frémissaient d'aise à la pensée de voir se lever bientôt sur eux l'aurore des jouets, — je veux dire s'entre-bâiller le sourire d'un joyeux enfant.

Cabarus vit en moins de deux heures sa boutique aux trois quarts vidée; toutes les petites gens avaient raflé en un tour de main les objets à quinze sous. Mais l'heure des gens riches allait sonner, et ce serait le tour des beaux équipages et des belles poupées de trouver amateurs.

Comme pour donner raison au vieux compère, une voiture s'arrêta, et il en descendit une dame, tenant par la main une délicieuse petite fille vêtue de velours et d'hermine.

Il eût fallu voir les contorsions des belles poupées, leurs moues et leurs œillades; fièrement posées sur la pointe de leurs pieds, elles se confondaient en sourires, roulaient leurs prunelles avec fureur, se trémoussaient sous leurs robes et faisaient des appels désespérés.

Mais la petite fille, prise de pitié pour un pauvre vieux chiffonnier oublié dans un coin, passa devant les poupées sans les regarder, et dit à sa mère :

« Achète-moi ce bon vieux pauvre, maman, il a l'air si triste ; cela lui fera plaisir d'avoir bien chaud chez nous et de n'y manquer de rien. »

Non, jamais les belles poupées ne se seraient attendues à un pareil affront.

LA SAINT-NICOLAS

J'avais onze ans et je croyais à saint Nicolas comme à quelqu'un de visible, qu'on n'a qu'à toucher du doigt. Une certaine obscurité entourait bien, dans ma pensée, le grand saint, et je m'étais souvent demandé comment il pouvait passer avec son âne par la cheminée. Mais cela laissait intacte ma foi. On m'eût dit qu'il passait par le trou d'une aiguille que le fait m'eût paru extraordinaire sans cesser d'être naturel.

J'aimais saint Nicolas d'une tendresse sans pareille.

J'avais de bonnes raisons pour l'aimer.

Chaque année, la nuit du 6 décembre voyait se passer dans la maison paternelle des choses inoubliables. Je mettais mes souliers et même mes paniers, la veille au soir, dans la cheminée, ayant soin de les bourrer de carottes et de navets, et le lendemain, souliers et paniers étaient vides, à la même place, avec un peu de suie tombée de la cheminée. Puis, sur la table, des soldats de plombs, des chevaux de bois, des shakos, des tambours, un entassement de choses brillantes sentant la colle et le vernis, m'annonçaient le passage de saint Nicolas : et, tremblant des pieds à la tête, les yeux humides, j'enfonçais ma tête dans l'âtre et je criais : « Merci, saint Nicolas ! » pour la peine.

Cette joie me restait toute l'année. Quelque chose de la douceur du saint continuait à envelopper mes jouets, et un cheval à bascule, surtout, que j'eus à l'âge de six ans, devint pour moi un si grand ami qu'on dut le mettre sur mon lit toutes les nuits.

Ce digne cheval ressemblait, il est vrai, par la grosseur de la tête et la couleur de la robe, à l'âne de saint Nicolas, et c'était le secret de mon attachement. Je ne l'ai jamais oublié. Je pleurai des larmes brûlantes le jour où, l'ayant plongé dans une baignoire remplie d'eau pour le laver, mon cheval à bascule s'affaissa comme un morceau de sucre dans du café.

Je vis alors que, pas plus que les hommes, les chevaux de carton ne sont à l'abri des vicissitudes.

C'était aux approches de décembre que la tête me tournait principalement. L'air alors se peuplait d'enchantements autour de moi, et je vivais dans un long rêve de jouets étincelants, beaux comme l'aurore. Il me semblait que le paradis descendait à portée de ma main, que je n'avais qu'à hausser le pied pour m'y promener, et il m'apparaissait comme un vaste jardin rempli de petits enfants, d'anges lumineux, maniant des objets merveilleux.

Je contemplais les boutiques pendant des heures et des heures ; je me perdais dans leurs splendeurs comme dans des songes, et les ménageries avec leurs variétés bizarres d'animaux, les omnibus jaunes et rouges, lancés au galop de leurs chevaux gris pommelé, les écuries où un palefrenier, les bras en l'air, attend éternellement le moment d'atteler, les polichinelles, les tambours-majors, les diables à surprise, les petites sultanes assises sur les grands éléphants mettaient dans ma vie une gloire, une réverbération de firmament.

C'était le temps où ma mémoire retenait le mieux les leçons ; mon écriture était correcte comme ma conduite, et j'oubliais le boire et le manger dans le saisissement des choses qui allaient surgir.

J'avais donc onze ans, et le lendemain était le grand jour.

Vingt-quatre heures seulement me séparaient des réalités splendides de la cheminée, et, de moment en moment, cet espace de temps, si long, si court, s'abrégeait, diminuant d'un siècle par minute.

Depuis le matin j'étais demeuré plongé dans une sorte d'engourdissement de mon être, ne vivant plus du présent, vivant dans cette heure de grandes gourmandises et de belles découvertes que le réveil me donnerait le lendemain ; et mon corps dormait debout, tandis que mon imagination appareillait, voile au vent, au monde des rêves.

Le maître d'école, me voyant dans cet état, gronda, me demanda si je voyageais dans la lune, et les rires des élèves me firent monter des rougeurs aux joues.

Non, je ne pensais pas à la lune; je pensais à quelque chose de plus beau, de plus brillant, de brillant comme le soleil; je pensais au casque d'un cuirassier longuement convoité devant la vitrine d'un bazar, et cela me remplissait d'éblouissements.

On ne sait pas quel froissement une parole peut faire à la candeur des enfants.

J'avais baissé la tête, étourdi par la question du maître, sentant mon regard s'aveugler sur la blancheur de mon papier, et un peu de colère avait succédé à mon effarouchement; puis, sans cause, je me mis à pleurer.

Enfin, n'y tenant plus, j'enjambai mon banc, j'ouvris la porte, et perdant tout à fait la tête, je fis la sottise de me sauver par la rue.

Un froid gris de décembre traînait le long des maisons, avec des lourdeurs de crêpe, et le soir obscurcissait les rez-de-chaussée avant l'heure.

Des magasins commençaient à s'allumer. Puis le gaz prit comme une traînée, constella presque tout d'un coup des rues entières, et la ville s'éclaira de la lumière des féeries.

Cela passa sur ma flânerie comme un coup de baguette, et je rentrai chez moi à travers une scintillation ininterrompue d'or, de satin, de jouets flamboyants.

Tout d'un coup je regardai le ciel, et il me sembla voir une forme étrange se mouvoir dans le crépuscule : si c'était saint Nicolas !

Brusquement, je fus pris d'une adoration pour le saint, j'aurais voulu me mettre à genoux, embrasser à travers l'espace le bout des oreilles de son âne, et des balbutiements me montaient du cœur aux lèvres comme des prières.

Je racontai à mon père ma fuite de l'école ; il me gronda, mais plus doucement que je ne le méritais, et cette gronderie paternelle fut mon pardon : saint Nicolas avait peut-être intercédé pour moi. La nuit s'avança. Je plaçai mes souliers et mon panier chargé de légumes dans la cheminée de la chambre à coucher ; puis, changeant d'idée, tant j'étais troublé, je le mis dans la cheminée de la salle à manger, et, à mesure que les heures sonnaient, j'avais un grand battement de cœur qui me faisait trembler.

Je n'oublierai jamais l'inquiétude heureuse de cette soirée. La tête dans la main, mon père assis à l'un des bouts de la cheminée, la grand'mère à l'autre, ma sœur près de moi, et le chien aplati presque dans les cendres, j'écoutais gronder le vent, pétiller le charbon, et, le silence de la chambre s'ajoutant à la chaleur du poêle, je sentais s'appesantir sur moi une sorte d'anéantissement qui n'était pas sans charme.

La pendule marqua neuf heures. Mon père se leva, nous mena coucher, et j'entendis, au bout de quelques minutes, se refermer la porte de la rue très doucement.

Alors, un nuage descendit sur mes yeux, l'extrémité de mes paupières retomba sur mes joues, et je fus plongé dans le sommeil.

Je ne sais combien de temps je restai endormi ; mais la maison me parut extraordinairement en rumeur cette nuit-là ; la présence de quelque chose d'anormal faisait craquer les escaliers, trépider les planchers, et j'ouvris les yeux dans la nuit noire, m'imaginant entendre marcher quelqu'un dans la chambre au-dessous de la mienne. Je crois bien que ce bruit restera toute ma vie dans mon oreille. Il partait de la cheminée, traînait avec lenteur, avait une solennité mystérieuse ; et, m'étant tourné vers le ciel, dont un pan s'apercevait à travers la vitre, il me sembla que les étoiles s'engouffraient dans la cheminée, comme une eau dans un entonnoir.

Mes yeux se refermèrent ; cette fois, je ne m'éveillai plus qu'à l'aube.

Un petit jour vert pâlissait la chambre, noyait les meubles dans une confusion ; je vis par la porte ouverte, dans la chambre voisine où mon père dormait, son visage tranquille, encore empreint de sommeil.

Je me mis à l'appeler, d'abord très bas, puis plus haut, et, enfin, il ouvrit les yeux.

« Père, j'ai entendu du bruit dans la maison cette nuit, lui dis-je ; saint Nicolas a sûrement passé. »

Il tendait les sourcils, montrait de la surprise, vaguement souriant. L'odeur du café, montant jusqu'à moi, m'annonça que le déjeuner se préparait, et que la bonne était levée.

Alors je n'y tins plus ; je sortis de mon lit, je m'habillai à peine, et
mon père, ma sœur et moi nous tenant par les mains, nous descendîmes
l'escalier.

Sur le palier du rez-de-chaussée, la vieille Toinette nous attendait.
Elle se joignit à nous, et tous ensemble nous arrivâmes devant la porte de
la salle à manger.

Elle était fermée.

Il y eut là un moment d'anxiété. Mon père mit son œil à la serrure,
déclara ne rien voir, et à mon tour je regardai et ne vis rien. Mon cœur
sautait dans ma gorge comme un volant sur une raquette.

Mon père fit tourner la clef. Nous nous trouvâmes dans un crépuscule, où confusément blanchissait la large tache de la nappe étendue
sur la table. Sur cette blancheur, des silhouettes encore noyées de nuit
posaient des opacités noires.

Subitement, une main tira les volets ; ils s'ouvrirent.

Ce fut presque une illumination. Pourtant le jour était bas encore ;
une buée flottait dans le matin de la rue ; mais nos yeux avaient en eux
des quinquets à percer toutes les obscurités, et nous allions d'un jouet
à un autre jouet, pâles de joie, disant des choses brèves, trop émus encore
pour crier.

Mon cuirassier étalait son acier étincelant au milieu de la table ; il
avait à ses pieds un polichinelle diapré comme l'arc-en-ciel, et un fusil,

une boîte à couleurs, des livres à images s'entassaient au milieu d'une profusion d'assiettes à dragées, à pains d'épices.
à oranges et à *spikelaus*, représentant, ceux-ci, de grands bonshommes en pâte brune, avec la figure, la mitre et la crosse de
saint Nicolas.

Mais, où la joie éclata, ce fut lorsque, dans l'angle de la cheminée, je vis se détacher la forme d'un beau cheval blanc, pareil à celui que j'avais noyé.

Alors ce furent des bégaiements, une abondance de choses murmurées sans suite. Les cris de ma sœur se mêlaient aux miens, remplissant toutes les concavités de la maison. Le comble de l'allégresse fut de montrer nos cadeaux à la grand'mère, qui, bien à propos, descendait. Comme notre père, elle feignit la plus vive surprise, frappant ses mains l'une dans l'autre et roulant de grands yeux stupéfaits. Nous restions en extase, ayant des bonheurs selon notre âge.

« Et maintenant, mes enfants, reprenez vos paniers jusqu'à l'année prochaine, et que Toinon enlève vos souliers », dit notre père au moment d'aller déjeuner.

Un rayon de soleil glissa dans la chambre, mit sa dorure sur la dorure des jouets et s'allongea jusqu'à l'âtre ; et tout à coup je vis sur le velours d'un fauteuil la poussière de deux larges pieds.

« Père ! » m'écriai-je.

Et je lui montrai cette empreinte.

« Oui, dit mon père, cela pourrait bien être la trace des pieds de saint Nicolas. »

J'obtins de n'aller à l'école que le lendemain. Comme je m'installais sur mon banc, baigné encore des douceurs de la veille, un grand m'appela :

« Dis donc, je parie que tu n'as jamais vu saint Nicolas, toi ? »

J'ouvris les yeux démesurément, trouvant la question prodigieuse.

« Est-ce qu'on peut voir saint Nicolas ? » lui répondis-je, bien étonné ; le grand me paraissait ridicule.

Il y eut des rires autour de nous, et il continua :

« Bien vrai, tu ne l'as jamais vu ?

« Nou, répondis-je cette fois de la tête et de la voix :

— Eh bien ! moi je l'ai vu, et, qui mieux est, je l'ai reconnu. C'était mon père, mon père lui-même qui, pour faire plaisir à moi et à mes sœurs, se donnait la peine de jouer le rôle du saint ; — et sais-tu bien une chose ? j'ai fait celui qui ne sait rien, pour ne pas lui ôter la joie de nous amuser encore l'année d'après de la même façon. Fais-en autant, si cela se passe chez toi comme chez nous, — tu feras bien. »

Je pensai alors aux poudreuses empreintes du fauteuil, au sourire singulier qu'avait retenu mon père quand je les lui avais fait remarquer, — et je me dis: « Saint Nicolas, bien sûr, n'est pas descendu cette année par la cheminée ! »

Mais je gardai, moi aussi, le secret de la découverte que le grand m'avait fait faire.

J'étais content que mon cher père eût eu, comme le père de mon camarade, l'idée de remplacer pour nous saint Nicolas, quand le saint ne pouvait pas venir lui-même.

Je m'endormis ce soir-là, heureux et songeant à part moi: « Au fait, le pauvre saint Nicolas ne pourrait pourtant pas être chez tout le monde et dans toutes les maisons à la fois. Comme c'est utile ! et comme c'est agréable qu'on ait des papas qui consentent à l'aider ! »

NOËL AU VILLAGE

C'était une de ces humbles boutiques de campagne étroites et sombres, comme on en voit sur les grandes routes, avec une vitrine à carreaux vert bouteille, des contrevents peints en bleu et une menue porte sous laquelle on passe en se faisant petit.

Posés contre la vitre, deux bocaux contenaient des boules de sucre et des caramels, non loin d'une assiette remplie de pommes rouges ; et des tranches de pain d'épice, ornées de petits ronds de plâtre peint, s'étalaient en tas, à côté de *couques* à forme d'oiseau, desquels sortaient des drapeaux de papier bleus et jaunes.

La vieille marchande avait reculé dans les coins les paquets de chandelles, la pièce de flanelle rouge et l'assiette de fromage à demi moisi, pour laisser en pleine lumière l'étalage de la grande veille de Noël. Et cet étalage était vraiment somptueux au milieu de la pauvreté du village. Les maisons à toit de chaume qui, par ce temps de neige, avaient l'air d'être encapuchonnées de blanc comme des moines, semblaient étonnées et ravies de cette splendeur exceptionnelle ; leurs fenêtres noires s'écarquillaient, semblables à des yeux, dans le bleu sale des murs, et il régnait un étonnement universel doublé d'un peu de convoitise.

C'est qu'il n'y avait pas que des pommes, des oranges et des bonbons à la fenêtre de la boutique.

Un chien comme on n'en a jamais vu de pareil, d'un rouge feu qui annonçait le plus féroce caractère ; un chat aussi noir que la nuit, avec deux raies jaunes dans le dos qui le faisaient ressembler aux draps du catafalque sous lequel on pose les cercueils à l'église ; un cheval à roulettes, le dos violet, carré, ayant un pinceau de soies de porc en guise de queue, vrai coursier d'Apocalypse ; six à huit poupées, les unes toutes nues, les bras et les jambes boudinés, les autres habillées d'une paire de pantalons en mousseline, d'un jupon de laine rouge, sur lequel retombait un tablier blanc, et d'un corsage bleu frangé de galon ; puis des soldats de plomb et des soldats de bois, une couple d'arlequins et de polichinelles, des trompettes, un harmonica éclaboussaient les yeux d'une volée de ton crus. Ce qu'il s'arrêta de monde devant les vitres est incroyable. Le maire sortit de sa maison en gros sabots rembourrés de paille, expressément pour voir les poupées, le cheval et le reste.

Le garde champêtre arriva quelques instants après. Il ne dit rien, mais il fit ses réflexions ; il trouva que le chat était trop noir, le chien pas assez rouge et les poupées un peu décolletées.

Il en parla le soir au cabaret. Il s'extasia sur ce qu'on faisait, à présent, des poupées qui avaient l'air de vivre, qui avaient de vrais yeux, qui semblaient moulées sur nature. De son temps, on était bien moins fort que ça.

Et il pérora longtemps sur ce thème avec succès.

M. le curé lui-même mit un foulard sur ses oreilles, par-dessous son vieux tricorne roux, et, sa soutane ramassée dans sa main droite, sa tabatière dans l'autre, soufflant dans ses joues, il s'en vint à travers les tas de neige.

Il regarda longtemps tout ce beau rêve des petits enfants, et à la fin un bon gros rire à lui tout seul secoua son ventre et ses mentons.

Il entra alors dans la boutique, fit compliment à la vieille Rose sur son étalage, et lui acheta un arlequin et une trompette pour le fils de son jardinier.

La bonne vieille, pendant ce temps, passait ses mains l'une sur l'autre, heureuse, souriante, la pointe de son menton touchant presque son nez, ne trouvant rien au delà de cette satisfaction de M. le curé. Et elle l'accompagna jusqu'à la porte quand il partit, traînant sur la brique ses sabots de bois luisants d'où sortaient ses maigres tibias recouverts de bas noirs.

Tout le jour, Rose garda son sourire ravi.

A quatre heures, des cris remplirent la chaussée ; c'étaient les gamins qui sortaient de l'école, et ils sautaient à cloche-pied dans la neige, les oreilles cramoisies, les mains dans les poches, trouant le pavé blanc de leur frêle silhouette de petits singes crispés par le froid.

La plupart portaient leur ardoise sous le bras, avec des morceaux de cahier barbelés et recroquevillés ; deux ou trois s'amusaient à faire danser leur calepin sur leur dos. Il y avait aussi des petites filles, coiffées de capelines, les cheveux dans les yeux, et celles-là allaient, bras dessus bras dessous, avec de petits airs graves de femmes, les mains sous leur tablier, faisant claquer leurs sabots dans la neige. Toute la bande s'abattit devant la boutique.

Le soir était tombé sur les chiens, les chats, les chevaux et les poupées. Des blancheurs vagues tachetaient les vitres sombres ; à demi noyées dans la nuit, les formes ne se voyaient plus qu'à l'état de raccourcis fantastiques ; et toute cette énorme curiosité des enfants s'échoua devant ce noir, péniblement déçue.

Mais tout à coup Rose, qui, par économie, n'avait voulu allumer qu'à la nuit pleine, poussa la porte vitrée de la pièce, qui était sa cuisine, sa chambre à coucher et bien d'autres choses encore ; aussitôt une clarté rouge troua l'intérieur de la boutique, et petit à petit cette clarté s'élargit comme une plaque d'huile, grimpa le long du mur, traîna sur le plafond, dessinant le buste sec et les épaules anguleuses de la vieille femme.

Elle tenait à la main une lampe à bec, d'un cuivre luisant comme l'or, au bout de laquelle flambait en tirebouchonnant, dans une grosse fumée noire, une mèche longue à champignons braséants.

La lampe fut posée sur la table qui servait de comptoir, entre les morceaux de lard, les faïences à coqs bleus, les pains de sucre et le pot de sirop de poire. De là, elle éclairait toute la boutique de son vacillement qui faisait trembler les objets, allongeant démesurément le nez de la marchande, et, quelquefois, quand un peu de vent soufflait sous la porte mal jointe, s'aplatissant et se tordant avec des mouvements de couleuvre.

Mais les enfants ne s'occupaient que des jouets ; les mains dans les poches, reniflant, toussant, éternuant, battus de la neige qui venait du large, ils se tenaient immobiles, les sourcils tendus avec une admiration profonde. De temps en temps, l'un d'eux disait un mot, puis le silence se refaisait, et ils continuaient à regarder, piétinant le pavé à coups de sabots. Çà et là, éclairées de reflets rouges par la lampe, leurs faces rondes ressemblaient à des citrouilles au creux desquelles on a mis brûler un lumignon. Eux, les jouets, sentaient leur importance.

Le cheval se cambrait sur la vitre. Son ombre inquiète et affolée, par moments, le faisait pareil à une girafe, et par moments à un bœuf. Le chat, fuyait, rampait, se cassait aux angles, était prêt à bondir. Le chien se dilatait, avait tour à tour des aplatissements de chien couchant et des hérissements de chien enragé. D'autres fois, toutes les silhouettes s'emmêlaient, et les poupées semblaient califourchonner le cheval, le chien faisait mine d'avaler la trompette, les soldats de bois avaient l'air de vouloir transpercer le chat noir ; une fureur s'emparait des honnêtes jouets et les brouillait dans des secousses furieuses.

Je vous réponds bien que le beau cheval à bascule, le polichinelle étincelant de soie et de paillon, les poupées à tête de cire qui ont de la peau de gant par tout le corps, n'étaient pas plus fiers aux étalages des marchands de la ville, que ce paquet d'humbles joujoux en bois au fond du noir village.

La lampe mettait autour d'eux une illumination de nimbe, et ils goûtaient une joie profonde, admirés qu'ils étaient par ces petits minois rouges, ces yeux couleur faïence, ces étonnants petits drôles qui oubliaient, à les contempler, le froid, la faim, la misère, le passé.

Et derrière eux les maisons, les toits, les lucarnes, et derrière ceux-ci, la nuit, la noire nuit du village, rougie par places d'une traînée de lumière écarlate filtrant sous un contrevent ou une porte; la

nuit, des paysans les admirait aussi, comme des constellations | inusitées, comme un éblouissement qui ne revient qu'une fois tous les ans.

Pétrifiés, fillettes et garçons s'emplissaient l'âme et les yeux. Subitement, des mères, un nourrisson sur le bras, apparurent aux portes, épiant la profondeur grise du chemin, et on les entendit appeler par leurs noms les retardataires.

« Hé ! Jean ! Ohé! Pierre ! Psitt ! Noé ! »

Il y eut une débandade ; le cercle se rompit, et sautant tantôt sur un pied, tantôt sur l'autre, demi-engourdis, ayant des congélations sous les narines, une dizaine de petits garçons et de petites filles s'éparpillèrent à l'appel bourru des ménagères.

Il n'en resta plus que cinq, qui continuèrent à battre la semelle, les prunelles chargées d'une stupeur d'admiration ; puis l'un partit | après l'autre, et le dernier demeuré, perdu dans la contemplation du cheval violet, tout doucement se mit à lécher la | et d'allégresse. Les hommes fument, étourdis, oubliant pour vitre de la pointe de sa langue, pour dimi-nuer un peu la buée qui brouillassait les choses. Enfin, il disparut à son tour, et, dans le noir de la nuit, la boutique flamba toute seule, avec des ombres dansantes de chiens, de chats et d'arlequins.

Des maisons sortit alors l'odeur de la pomme de terre au lard, et un large bruit de mâchoires, broyant, mastiquant, agglu-tinant, s'éleva des tablées de paysans dans la chaleur des feux de bois.

C'était la nourriture du soir à laquelle grands et petits arrivent affamés, les dents aiguisées par l'air du dehors. La faim apai-sée, on replie la serge, on passe à l'eau la table, et, tandis que les chats rodent entre les pieds, grignotant les reliefs tombés à terre, les mères lavent les vaisselles à tour de bras.

La journée est finie pour tout le monde, et il y a dans l'air la promesse du lende-main passé à chômer, en buvant et en man-geant. Noël s'avance au bout du chemin,

un jour le rude travail, le cochon qui n'en-graisse pas et la vache qui a la colique. Les mères, elles, pendant ce temps, abattent leurs manches sur leurs bras nus et s'en vont à la boutique où les jouets font les doux yeux aux pauvres et aux riches. C'est alors que la flamme de la lampe s'étire et colle au plafond des silhouettes endia-blées.

A chaque arrivant, le vent pénètre dans la place, souffle sur la lampe et refaçonne le jeu des ombres. Et Rose, qui a toujours sur la fente qui lui tient lieu de bouche le même sourire, remue sa tête sur ses épaules en disant « non » quand on lui mar-chande, lève les mains en l'air, et débite son étalage, pièce à pièce. Les ménagères aisées laissent tomber dans le creux de sa main osseuse un rond d'argent blanc, et les autres des ronds de cuivre noirs, usés, rognés, et chacune en a pour son argent.

Une à une, les poupées disparaissent,

joyeusement gonflé de boudins à l'ail, dans un bruit de musique | et il n'en reste bientôt plus que deux, auxquelles personne n'ose toucher parce qu'elles coûtent les yeux de la tête. C'est ensuite le tour des soldats de bois et des soldats de plomb ; la femme du maire en achète une boîte, la femme du garde champêtre en emporte une autre. Heureux petits soldats ! il leur paraît à tous que de piètres conscrits ils sont passés sergents, et allègrement le panier dans lequel on les a mis les balance, d'un bercement plus doux que celui d'un carrosse. Déjà les pains d'épices, les sucres, les chocolats ne sont plus qu'à l'état de souvenir sur les assiettes désemplies, où traîne encore toutefois un parfum de miel et de vanille. Puis l'heure tombe sur ce qui demeure ; Rose pousse sa porte et souffle sa lampe.

Alors le cheval de bois, le chien, le chat rêvent dans la nuit. Le chat conjecture qu'il ronronne près d'un feu clair en croquant des souris. Le chien, s'imagine ronger un os à moelle, tandis qu'une grasse main d'enfant lui caresse l'échine. Le cheval, ébloui, se sent pousser des ailes, et de son sabot tâte l'espace. Ces déshérités font des songes aussi beaux que les songes que font les jouets à la ville. La nuit de Noël est leur nuit à tous ; c'est elle qui les arrache à leur néant de carton et de bois. Inertes et sommeillants, ils ne sont, le reste de l'année, que de vagues spectres grimaçants ; mais, à minuit sonnant, ils s'éveillent, et une âme descend en eux.

Il y avait deux grosses heures que Rose avait soufflé la lumière, quand la cloche de l'église se mit à tinter dans la nuit ; et les maisons s'éveillèrent l'une après l'autre à la clarté des lampes allumées.

« Drelin ! drelin ! Alléluia ! » chantait le cuivre des cloches, en sourdine, pour ne pas éveiller les enfants ; puis les horloges sonnèrent minuit, et toutes ces sonneries carillonnant à la fois montèrent dans l'air comme une parole de paix et une harmonie. Mais rien ne pourrait exprimer la joie de ces humbles petits jouets perdus au fond de ce pauvre village.

Les trompettes furent prises d'un accès fou de gaieté et glapirent une note aigre, prolongée, qui eut, mêlée au reste, la douceur d'un son de harpe. Le chat pressa sur son soufflet et miaula un Noël à sa manière. Enfin, le cheval et le chien entonnèrent à plein gosier un Alléluia ; et cet hymne du morceau de bois se confondit à la nuit, aux astres tournant dans l'espace, au frissonnement des ténèbres illuminées par la Croix, au rêve des petits enfants faisant des gestes vagues sur leur oreiller.

« Alléluia ! uia ! ia ! à ! à ! à ! »

La vieille Rose n'entendit rien. Raide dans ses draps de grosse toile, elle regardait descendre du ciel deux anges aux ailes déployées; son toit s'ouvrait au milieu d'une clarté; ils planaient un instant au-dessus de sa boutique; et tout d'un coup ils remontèrent, emportant dans leurs mains le chien, le chat, le cheval et tous les autres jouets qui ne s'étaient pas vendus. « Il n'est rien de trop coûteux pour les anges, se dit la bonne vieille; sûrement ils en auront mis le prix dans mon tiroir. » Enfin, leurs ailes blanches s'étendirent immobiles au-dessus des maisons les plus pauvres, et, souriant du même sourire ravi qu'elle avait eu pour M. le curé, elle les vit, par le trou noir des cheminées, jeter les beaux jouets qui, dans la nuit, étincelèrent comme des étoiles.

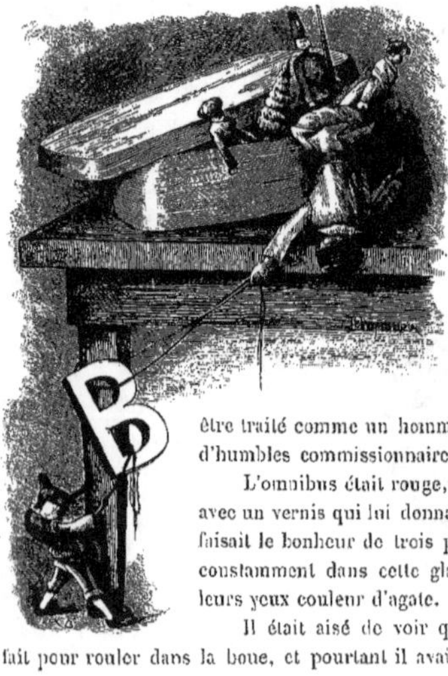

AVENTURES D'UN PETIT COMMISSIONNAIRE

I

Bien des gens ont admiré le joli omnibus qui s'étalait, la veille de Noël, chez un marchand de Valenciennes, et pourtant bien peu connaissent l'histoire du petit commissionnaire qu'on voyait sur l'impériale, en blouse blanche tenant un carton sur ses genoux.

Ah! si le commissionnaire avait été un petit prince, si le fabricant l'avait fait de pâte tendre, s'il avait eu sur les épaules une tête en biscuit, on n'eût pas manqué de le remarquer ; mais il avait été taillé dans un simple morceau de bois comme un vrai manant, et une peinture très commune imitait assez gauchement sur ses joues le carmin de la vie.

Hélas ! le temps n'est pas venu où il suffira d'être homme pour être traité comme un homme, et il y aura longtemps encore des polichinelles bariolés de couleur, et d'humbles commissionnaires peints d'un pinceau négligent.

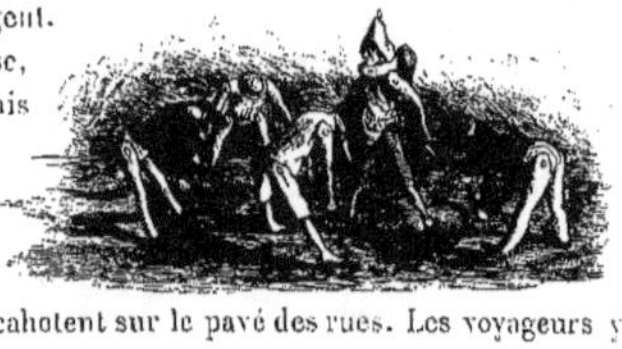

L'omnibus était rouge, d'un rouge tirant sur le cerise, avec un vernis qui lui donnait le poli d'un miroir : ce vernis faisait le bonheur de trois poupées qui se regardaient constamment dans cette glace improvisée en remuant leurs yeux couleur d'agate.

Il était aisé de voir que cet omnibus n'était pas fait pour rouler dans la boue, et pourtant il avait la forme des omnibus qui cahotent sur le pavé des rues. Les voyageurs y entraient par une large ouverture pratiquée à l'arrière, en se baissant un peu, pour ne pas aplatir les chapeaux ; et deux banquettes garnies de coussins de cuir se faisaient vis-à-vis à l'intérieur.

L'artiste n'avait pas oublié le marchepied ; un petit conducteur à barbe rouge s'y balançait, une main accrochée à l'anneau du cordon, et il avait l'air sérieux d'un général en chef.

Au contraire, le cocher avait l'air bon enfant. On n'aurait pu dire s'il était père de famille, mais il méritait de l'être, tant son nez était gras, dodu et satisfait ; sa figure rouge, allumée d'un bon coup de vin, se posait avec détermination dans le collet de son carrick, et il levait très haut son fouet comme un cocher qui n'entend pas arriver après l'heure.

C'était aussi l'avis des chevaux. Il y a, dans les écuries des marchands de jouets, des pur sang d'une vigueur extraordinaire ; rien qu'à les voir, on comprend que, s'ils étaient de chair et d'os, au lieu d'être en bois, ils distanceraient des locomotives. Eh bien, ils n'auraient pu rivaliser avec les chevaux de l'omnibus rouge. C'étaient de belles bêtes musculeuses et fortes, les naseaux au vent, avec des croupes fermes, des jarrets nerveux, de larges encolures, ils étaient gris pommelé tous les deux. Vous croyez peut-être qu'ils allaient au trot, comme le prescrivent les règlements de police ; dans le pays des jouets ces règlements n'existent pas, et les chevaux dont je parle couraient le triple galop comme des chevaux de course, sans avoir l'air de sentir le poids de l'omnibus qu'ils traînaient après eux.

Cela exprime jusqu'à un certain point la mine profondément satisfaite des deux messieurs qui se tenaient assis sur les banquettes, leur parapluie entre les genoux ; c'étaient de braves employés qui rentraient chez eux, et chaque tour de roue les rapprochait de leurs femmes et de leurs enfants. Une dame, assise en face d'eux, semblait en proie à une inquiétude terrible ; elle ouvrait des yeux comme des portes cochères et ses joues avaient une pâleur de marbre. Peut-être était-ce une vieille demoiselle qui n'avait pas les mêmes raisons que ces messieurs pour désirer d'arriver vite, et elle semblait regretter les lenteurs traditionnelles des pataches.

II

Non, vraiment, on ne peut s'imaginer la course folle de l'omnibus, bien qu'il restât en place : les chevaux dévoraient l'espace, positivement ; et sur son impériale le petit commissionnaire s'amusait de voir passer au grand galop toutes sortes de belles choses.

C'était après tout un joli bonhomme, la taille bien prise, les cheveux et les yeux noirs, et d'une douceur de visage remarquable. Il n'avait lu ni Platon ni Aristote. Dieu sait même s'il savait lire ! et pourtant sa mine intelligente était empreinte d'une certaine philosophie.

Il avait la philosophie de la vie ; elle se rencontre souvent chez les humbles, et cela est bien, car les humbles n'ont, la plupart du temps, que cette philosophie pour toute fortune.

Coin-des-Rues, c'était le nom du petit commissionnaire, était content de sa destinée. Il lui suffisait d'être au grand air : les belles dames qui laissent traîner sur le trottoir leurs volants de dentelle, les beaux militaires reluisant au soleil, la grosse santé réjouie des bébés qui sourient à tout le monde, les arlequins et les colombines des théâtres de marionnettes, tout le hasard de la rue mettait une gaieté de plus sur sa gaieté naturelle, et il ne semblait pas souhaiter autre chose que d'assister en bonne santé à cette comédie perpétuelle, jusqu'au dernier jour de sa vie.

Les chevaux de l'omnibus l'auraient mené probablement au bout du monde, si un événement extraordinaire ne l'avait fait descendre de l'endroit élevé où il était un peu plus rapidement qu'il n'aurait voulu.

Coin-des-Rues, dont les regards se posaient partout, découvrit subitement au milieu de la foule une merveille de beauté.

Il ne la vit tout d'abord que de profil, dans le créneau d'un peloton de soldats en bois disposés en éventail sur un triangle peint en rouge. C'étaient de vaillants petits soldats en pantalon garance, et ils marchaient avec une résolution qui leur aurait infailliblement fait gagner la bataille, si les ennemis, qui s'étaient rangés un peu plus loin, à cheval et armés de gran- des lattes en forme d'allumettes, n'avaient montré une résolution toute pareille.

Coin-des-Rues se pencha pour mieux voir cette merveille ; mais les bonnets à poil des soldats tendaient une ligne noire devant lui, et il ne voyait que son front, son nez et ses yeux.

Alors il se pencha plus fort. Il n'y avait malheureusement à l'impériale de la voiture qu'un très mince treillis en manière de garde-fou, et, de plus, le treillis était peu élevé. L'imprudent Coin-des-Rues fut précipité de toute la hauteur de l'omnibus sur le pavé.

Cela fit sensation, comme vous pensez. Une petite dame sentimentale, qui se tenait assise en négligé devant sa glace, se trouva mal ; une autre petite dame, qui fermait les yeux quand on la couchait, les ouvrit si démesurément que jamais plus elle ne parvint à les baisser. Cette sensibilité honore les deux petites dames, car généralement les belles poupées sont peu sujettes à l'attendrissement. Elles n'ont d'attention que pour elles-mêmes, et le malheur des pauvres gens ne s'imprime pas sur leurs yeux couleur d'azur.

Il en fut autrement ici, bien que le Figaro, qui justement rasait en ce moment un client, eût prétendu que les deux petites dames étaient de simples coquettes très connues dans le quartier pour leurs simagrées. Moi, je ne sais rien, si ce n'est que dans tous les pays les Figaros sont très mauvaise langue.

III

Coin-des-Rues aurait pu se tuer du coup. Un tambour-major avait fait le matin même une chute qui l'avait tué raide ; il est vrai qu'il était en carton-pâte et qu'il était tombé de l'étagère sur le plancher de la boutique.

Personne n'avait pleuré sur sa mort, car il était vaniteux, suffisant, et il ne manquait aucune occasion de jouer avec son énorme canne des airs qui n'étaient pas précisément des airs de flûte.

En réalité, Coin-des-Rues n'éprouva qu'une douleur assez légère ; la tête n'avait rien, ni les jambes, ni les épaules ; le pied droit seul était un peu luxé. Il se serait remis très lestement debout, si un gros monsieur, des lunettes sur le nez et l'air solennel, n'avait prétendu le faire mener chez le docteur, un savant qui habitait à quelques pas de là.

« Mais ce n'est rien du tout, s'écriait Coin-des-Rues.

— Bon ! bon ! nous verrons cela, répondit le monsieur avec une grande dignité dans la voix. Vous êtes tombé, jeune homme ; vous avez donc dû vous faire mal. En supposant que vous ne vous soyez pas fait mal, il n'en est pas moins incontestable que vous êtes tombé. Or, qui tombe se fait mal. »

Un gros petit homme, presque aussi gros que le monsieur, passa devant la boutique à ce moment et vit le majestueux personnage aux lunettes.

Sans doute ! il le connaissait, car il eut un sourire, et dit :

« Tiens ! monsieur Prud'homme !»

On mit Coin-des-Rues sur une brouette, malgré ses protestations, et, au bout de quelques instants, il se trouva en présence du docteur, qui était astrologue, et, comme tous les astrologues de cette époque-là, était en même temps médecin fort achalandé.

C'était un singulier mélange de diable et d'homme ; par la barbe très longue et dure comme du crin, par les yeux qui roulaient comme des billes, avec fureur, par la longueur du cou, il ressemblait certainement au diablotin qui effrayait les petits enfants en sortant tout à coup de sa boîte. Il portait sur la tête un long bonnet pointu constellé d'étoiles d'or, et sa robe, également longue et noire, était semée d'un tas de petits soleils.

Ce savant homme se tenait au bord d'un puits, au fond duquel on voyait reluire un morceau de papier bleu glacé, qui était le ciel, et son corps était fait de deux parties, dont l'une, le haut du corps, se relevait et s'abaissait. Toutes les cinq minutes il se penchait par-dessus le puits et regardait scintiller dans le fond la lumière des étoiles ; peut-être, comme l'insinua un voisin, s'amusait-il à faire des ronds dans l'eau.

Coin-des-Rues trembla qu'un si grand médecin ne le trouvât plus malade qu'il n'était. Il avait naturellement peur d'un homme dont le cerveau devait être rempli de noms de maladies, et vous allez voir que ce n'était pas sans raison.

Le docteur l'examina du coin de l'œil, sans daigner tourner la tête, ce qui lui eût été difficile, car elle était maintenue dans son cou par une forte cheville. Il se contenta d'envelopper le petit commissionnaire d'un de ses mauvais regards, et dit :

« Le mal est à la tête, il faudra la lui couper, afin de la recoller. »

Comment ! couper une tête qui tient si solidement aux épaules pour le simple plaisir de la remettre avec de la colle ?

Coin-des-Rue protesta avec toute l'énergie dont il était capable. Il essaya même de remuer la tête pour prouver qu'elle était intacte ; mais cette démonstration fut malheureuse ; il eut beau faire des efforts extraordinaires pour la mettre en mouvement, elle ne bougea pas. Alors il vit bien qu'il était perdu.

Le docteur jouissait en effet d'une grande considération dans toute la ville ; on l'écoutait comme un oracle, et certainement il avait envoyé plus de gens à la mort de toutes sortes de manières que, de sa vie, il n'avait vu d'étoiles au fond de son puits.

Cet homme redoutable eut à peine fait connaître son avis, que des âmes compatissantes s'emparèrent du petit commissionnaire et voulurent à tout prix le sauver de la mort en lui coupant le cou, comme l'avait recommandé l'astrologue.

Mais Coin-des-Rues était un garçon agile : il se débattait comme un moulin à vent, avec de grands tours de bras, et on allait appeler le gendarme pour l'obliger à se tenir en paix, lorsque tout à coup cette agitation violente se changea en une immobilité complète.

IV

Il était immobile à présent comme le coucou derrière la petite porte qui ne s'ouvre que toutes les heures, et quelque chose semblait l'avoir pétrifié sur place.

C'est que, en vérité, le sujet de son étonnement n'était pas de ceux qui courent la rue. Il avait devant lui les plus beaux yeux de la terre, clairs comme la lumière du jour, avec une douceur de paradis, et un joli petit nez relevé du bout ; de fraîches joues roses, une bouche pourprée comme la cerise, achevaient de rendre ces yeux plus extraordinaires encore.

Ce qui ne l'était pas moins, c'est que le joli visage appartenait à la jeune merveille entrevue tout à l'heure derrière le bonnet à poil des petits soldats ; mais aucune ombre ne masquait plus sa beauté, et elle apparaissait aux regards éblouis de Coin-des-Rues comme le soleil ou la lune en personne.

Elle était arrivée tout doucement, s'était mise à le regarder, et tout à coup le bonhomme auquel on allait couper le cou lui avait inspiré un vif intérêt.

De son côté, il continuait à la contempler, muet, les yeux démesurément agrandis, oubliant tout dans le ravissement que lui causait cette aimable personne. Elle était habillée en magicienne, avec des robes constellées ; mais toutes les étoiles qu'elle avait sur elle ne brillaient pas autant qu'un seul de ses sourires. Ce fut du moins l'avis de Coin-des-Rues.

Au moment où elle parut, une rumeur circula dans les groupes, et il entendit répéter son nom. C'était Merveille qu'elle s'appelait, et elle était la fille du vieux magicien. Ce n'était pas pour rien qu'elle avait des yeux éclatants ; elle s'aperçut aisément de l'impression qu'elle produisait sur Coin-des-Rues, et elle le remercia en lui venant en aide.

« Donne-moi ce jeune garçon pour serviteur, » dit-elle au grand homme.

Alors le vieux savant fit signe qu'on laissât libre le pauvre Coin-des-Rues, et le petit commissionnaire put causer tout à son aise avec Merveille.

Dieu ! qu'elle portait bien son nom ! Elle était charmante en toute chose, et certainement les boîtes à musique n'avaient pas d'harmonies comparables au charme de sa voix. On éprouvait à la regarder le plaisir qu'on ressent à manger un bon fruit, et Coin-des-Rues dut se retenir à quatre pour ne pas lui sauter au cou, tant il l'aimait déjà.

Elle voulait savoir ce qui lui était arrivé. Il lui raconta sa promenade sur l'omnibus, la vision qui l'avait frappé, l'acte imprudent qu'il avait commis en se penchant pour la voir plus longtemps, puis sa chute. Tandis qu'il parlait, une lueur plus vive perla dans les yeux de Merveille, et elle eût pleuré si ses yeux n'avaient pas été de verre.

« Comment t'appelles-tu ? demanda-t-elle.

— Coin-des-Rues.

« — Eh bien, Coin-des-Rues, apprends ceci : je suis très malheureuse. »

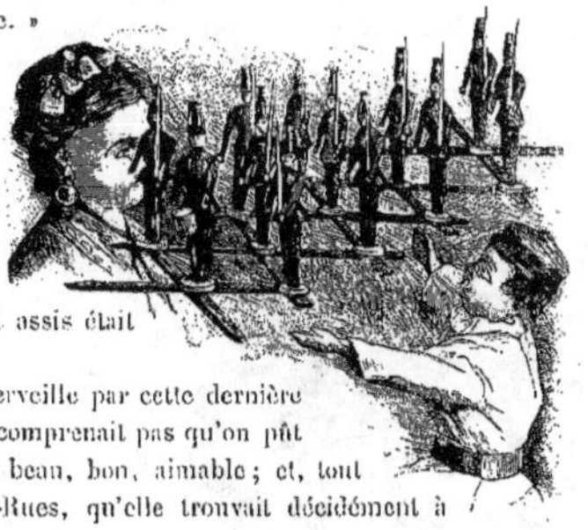

Il lui demanda la cause de ses chagrins; elle lui apprit alors que le vieux magicien n'était pas son père, mais qu'il l'avait trouvée au fond de son puits un beau matin; il l'avait élevée, l'avait fait instruire, il rêvait de lui faire épouser un millionnaire, afin d'être riche lui-même.

Or, l'époux qu'il lui avait choisi était un horrible et vieux poussah, constamment accroupi sur les reins, tellement avare qu'il n'avait ni bras ni jambes par économie; mais on disait que la boule sur laquelle il était assis était un coffre-fort littéralement bourré d'or.

Le chagrin d'avoir un pareil mari n'était nullement tempéré chez Merveille par cette dernière considération. Elle avait pour l'argent une indifférence suprême; elle ne comprenait pas qu'on pût passer sa vie avec un homme simplement riche, si cet homme n'était pas beau, bon, aimable; et, tout en disant ces choses, elle regardait Coin-des-Rues, qu'elle trouvait décidément à son goût.

Ah! si le poussah avait eu comme lui des yeux doux, une mine agréable, un aspect de petit bonhomme réjoui, certainement elle n'eût pas protesté!

Ils se tenaient debout l'un devant l'autre, rouges, émus, tremblants tous deux; et, plus ils se regardaient, plus ils se trouvaient mutuellement à leur convenance.

Autour d'eux, des moutons leur faisaient avec leurs clochettes une musique pastorale, et l'ombre des copeaux dentelés qui imitaient le feuillage sur le tronc des arbres, se répandant sur eux, les abritait de sa fraîcheur et de son mystère. Un soufflet de fourneau pendu à un clou leur souffla une brise légère et, tout à coup, au loin, une flûte soupira. Il n'en fallait pas davantage pour achever l'œuvre du hasard. Ils se promirent de se marier ensemble ou de ne se marier jamais.

La voix du magicien retentit en ce moment, appelant Merveille. C'était le vieux poussah qui leur faisait visite, et Coin-des-Rues l'entendit grommeler entre les dents avec le désir d'être aimable :

« Merveille, j'avais pensé à t'apporter des cadeaux tellement splendides que ta beauté aurait paru peu de chose à côté. Mais je t'apporte mieux que cela : je t'apporte mon cœur. »

Coin-des-Rues vit très distinctement, et avec grand plaisir, la petite moue dédaigneuse que fit Merveille à ces mots ; et une chaleur de joie passa dans sa poitrine.

Mais il faillit perdre la raison lorsqu'il entendit le maudit magicien l'accabler des plus méchants noms et la menacer des plus noirs supplices, parce qu'elle ne voulait absolument pas épouser le poussah.

« Non ! non ! non ! » cria-t-elle de toutes ses forces.

Et elle se sauva, légère comme une gazelle.

Le poussah fit un mouvement énergique pour courir après elle, mais il ne parvint qu'à se balancer trois cent soixante-dix-huit fois d'avant en arrière sans réussir à s'arrêter. De son côté, le magicien entra dans une si grande colère qu'il perdit l'équilibre et plongea à mi-corps dans le puits.

« A l'aide ! » criait-il.

Mais personne ne se souciait de le retirer de là, s'imaginant qu'il avait pris cette posture pour étudier de plus près les étoiles.

Coin-des-Rues profita de ce moment pour serrer la main de Merveille. Puis, le magicien continuant à crier, il l'aida à sortir de son puits.

« Ah ! c'est toi ! gronda le vieux savant, quand il eut reconnu son sauveur.

—Moi-même, répondit gaiement Coin-des-Rues, et il est probable que, si on avait enlevé ma tête de dessus mes épaules, je n'aurais pu vous rendre ce service. »

Le vieux magicien était si content d'être sorti de son puits qu'il demanda au petit commissionnaire si quelque chose pouvait lui faire plaisir.

« Oui, » répondit Coin-des-Rues.

Et l'autre demanda quelle chose, promettant, foi de magicien, de la lui donner.

« Eh bien ! fit Coin-des-Rues, c'est Merveille que je vous demande en mariage. Donnez-la-moi. »

Mais le magicien remua les sourcils terriblement et le puits en trembla jusque dans sa profondeur. Il appela les gendarmes et leur commanda de mener Coin-des-Rues en prison.

de Merveille. Coin-des-Rues entendit se refermer derrière lui les portes du cachot. Une douceur se mêlait à l'amertume de sa situation ; même enfermé, il était présent dans le cœur de Merveille, et cette pensée peuplait sa solitude.

V

« Ah ! Coin-des-Rues, soupirait pendant ce temps la jolie personne, quand reviendras-tu ? »

Furieux de l'entendre se désoler, le méchant magicien la fit enfermer dans une tour. Merveille y passait ses jours en songeant à Coin-des-Rues.

Toutes les heures elle montait sur la plate-forme qui couronnait la tour et regardait si son ami ne venait pas la délivrer ; mais elle ne voyait que le poudroiement de la plaine et le verdoie-

Hélas ! cet ordre barbare fut exécuté, malgré les larmes | ment des arbres, et elle se désolait amèrement.

VI

Coin-des-Rues avait un ami : c'était le petit ramoneur. Il était enfant du peuple comme lui, et comme lui taillé dans la bille de bois dont on fait les existences à bon marché. Ces braves garçons s'aimaient d'une amitié solide. La pauvreté met de ces liens entre les hommes.

Le petit ramoneur grimpa donc sur le toit de la prison et se laisser couler par la cheminée jusqu'au cachot où Coin-des- Rues était enfermé.

« Coin-des-Rues, où es-tu ? » cria-t-il à demi-voix, tout en descendant.

Le petit commissionnaire l'entendit et répondit :

« Par ici ! »

Ce fut bientôt fait pour les deux amis de grimper dans le trou de la cheminée, et tous les deux se mirent à monter jusqu'au toit.

Quelle joie de se sentir libre au milieu de l'air ! Coin-des-Rues respira longuement la bonne odeur de vernis qui venait de la bergerie ; jamais les arbres ne lui avaient paru aussi verts, et il se mit à pleurer à la pensée de revoir Merveille. Mais ses larmes devinrent amères quand le petit ramoneur lui eut appris la triste aventure de celle qu'il considérait comme sa fiancée. Eh quoi ! tandis qu'il se réjouissait d'être libre, elle languissait dans une tour sombre, loin des consolations. Pauvre Merveille ! Si encore il pouvait quelque chose pour elle ! Avec quel plaisir il eût fait le sacrifice de sa vie !

La nuit s'élargissait sur la boutique. Le ramoneur attacha une corde à l'un des crénaux du toit et fit descendre Coin-des-Rues ; il descendit ensuite lui-même, et tous deux se dirigèrent vers la tour. Dieu sait s'ils faisaient en marchant plus de bruit qu'une mouche ! Mais ils eurent une frayeur : un chien les entendit et se mit à aboyer. Maudit chien ! Enfin, ils se trouvèrent au pied de la tour.

Coin-des-Rues regardait en l'air, en proie à ses noires idées et se demandant s'il ne valait pas mieux pour lui renoncer à jamais à cette lumière qui ne devait plus éclairer sa jolie amie, lorsque tout à coup une robe blanche parut sur la tour où Merveille était enfermée.

En pouvait-il croire ses yeux ? C'était elle, c'était Merveille elle-même ; et il se mit à remuer ses bras dans le vide avec une ardeur que n'avait jamais connue le moulin à vent. Merveille fit aller les siens, et il parut à Coin-des-Rues que tout l'univers était contenu à cette heure dans les deux petites mains blanches qui s'agitaient en haut de la tour.

De son côté, le petit ramoneur ne perdait pas son temps à bayer aux cornailles ; il réfléchissait au moyen d'assurer à ces deux cœurs épris la joie d'être l'un à l'autre.

« Attends-moi ici, fit le petit ramoneur ; j'espère te ramener bientôt Merveille. »

Il grimpa jusqu'à la fenêtre, cassa le carreau et pénétra dans la tour.

Coin-des-Rues épiait, retenant son haleine et trouvant aux minutes des longueurs de siècles. Les petits soldats n'auraient qu'à se réveiller, on donnerait l'alarme et tout serait perdu. Justement le coucou se mit à sonner l'heure : « Coco-rico ! » cria un coq, et une rumeur parut s'éveiller dans la profondeur de la boutique.

Ce n'était qu'une fausse alerte. Le silence se refit, et, dans le sommeil des choses, Coin-des-Rues entendit s'ouvrir la porte de la tour. Il fit un bond, c'était Merveille que lui ramenait le petit ramoneur.

VII

Je vous laisse à penser s'ils se dirent mille fois qu'ils s'aimaient.

Mais le temps pressait ; il fallait songer à se mettre hors de la portée du vieux magicien. Celui-ci ne tarderait pas à se rendre à la tour, et, trouvant la cage vide, il ne manquerait pas de se mettre à la poursuite de l'oiseau envolé.

Où aller ?

Ce fut une grosse question. Il y avait bien là-bas, tout là-bas, une tribu de gens à peau rouge, tatoués, avec une longue torsade de cheveux au-dessus de la tête. Le maître de la boutique les avait présentés à une petite fille de dix ans sous le nom d'Indiens ; mais Merveille eut peur de leurs mines féroces, et l'on convint qu'on choisirait pour s'y réfugier une ferme qui n'était pas bien loin de là.

Le jour commençait à poindre par la fente des volets lorsqu'ils arrivèrent. Ils ouvrirent une barrière à claire-voie, traversèrent une cour entourée de palissades, et tout à coup se trouvèrent dans l'habitation de la ferme.

On ne sait pourquoi l'ouvrier qui l'avait peuplée de vaches, de veaux, d'ânes et de chevaux avait oublié d'y loger le fermier et la fermière ; naturellement, la ferme s'en ressentait : un certain désordre régnait dans le troupeau ; des porcs gisaient sur le flanc, à la porte des huttes, et une mignonne araignée avait tissé sa toile au seuil de la porte.

VIII

Merveille prit aussitôt la direction du ménage ; elle eut aussi dans ses attributions le pigeonnier et le poulailler. Coin-des-Rues se chargea de l'étable et de l'écurie ; le petit ramoneur mena paître les oies aux champs. Alors la ferme connut de beaux jours.

Jamais on ne vit chevaux plus luisants, vaches plus éclatantes, dindons plus gras, poulardes plus épanouies, ni plus de bedons bedonnant par les chemins. C'était la santé même, et tout cela faisait un vacarme à ne pas entendre le tonnerre, s'il eût tonné, hennissant, beuglant, glapissant, gloussant, bêlant, brayant, criant enfin sur tous les tons et en toutes les langues animales. Des arbres d'un vert émeraude, frisés comme si on leur avait mis six jours de suite des papillotes, bordaient les chemins, répandant une ombre mince, et les moutons portaient sur leur dos une toison argentée, épaisse comme des manchons.

IX

A quelque temps de là, le petit ramoneur les quitta. Il avait la nostalgie de son premier état et ne pouvait se résigner à ne plus monter dans les cheminées.

Ce fut une douleur réelle pour Coin-des-Rues et pour Merveille ; mais le petit ramoneur blanchissait à vue d'œil, et les regrets le consumaient. Il éprouvait le besoin de se revoir en noir, la couleur de sa profession. Ils le laissèrent donc partir, à la condition toutefois qu'il viendrait souvent leur dire bonjour.

Le petit ramoneur tint sa promesse. Il revint au bout de quelques jours.

« Bonne nouvelle ! leur cria-t-il de loin.

— Quoi ? »

Il leur apprit alors que plus rien ne s'opposait à leur retour à la ville, le méchant magicien s'étant noyé dans le puits. Mais ils se regardèrent, et une larme leur vint aux yeux.

Ils pensaient au bonheur qu'ils avaient goûté dans cette ferme et ne se sentaient pas le courage de la quitter.

« Non, non, dit à la fin Merveille, nous resterons à la ferme, nous y resterons toute notre vie, pour ne pas faire de peine à nos amies les bêtes. »

TABLE

50770. — IMPRIMERIE LAHURE, RUE DE FLEURUS, 9, A PARIS.

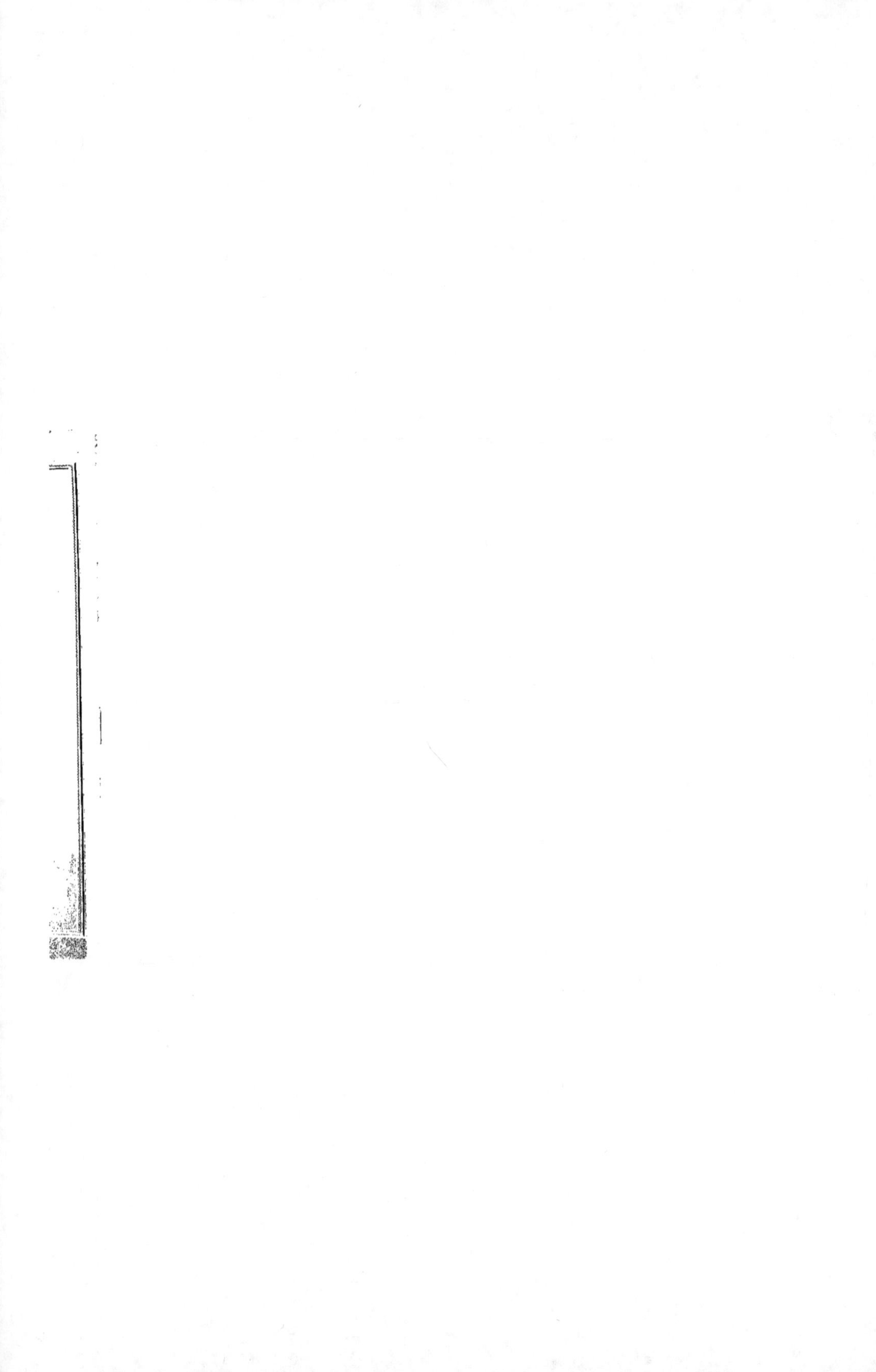

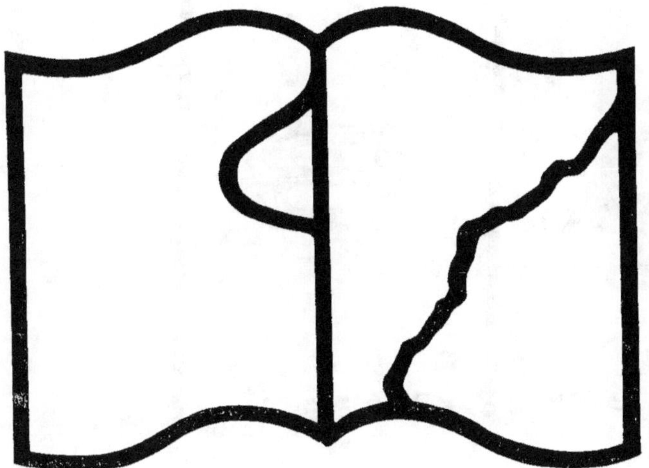

Texte détérioré — reliure défectueuse

NF Z 43-120-11

Contraste insuffisant

NF Z 43-120-14